CAISSE MUTULLE

DES

ASSURANCES COLONIALES

PARIS

Imprimerie A.-E. Rochette,

22, Rue d'Assas,

CAISSE MUTUELLE

DES

ASSURANCES COLONIALES

SIÉGE SOCIAL

A Paris-Grenelle, rue du Commerce, 32 bis.

CONSEIL D'ADMINISTRATION :

Président : M. Granier de Cassagnac, Député.

Vice-Président : M. Malavois, Armateur.

CONSEIL JUDICIAIRE :

M. Du Miral, Avocat de S. M. l'Empereur, Député.

DIRECTEUR GÉNÉRAL :

M. Louis Barse, Fondateur de la Société.

PARIS

IMPRIMERIE A.-E. ROCHETTE

22, rue d'Assas, 22

1861

CAISSE MUTUELLE

DES

ASSURANCES COLONIALES

PROSPECTUS

I

UTILITÉ DE L'ASSURANCE

Lorqu'on pense aux désordres que l'incendie peut causer et à la facilité avec laquelle on en rendrait les résultats insensibles, si l'on avait recours à l'assurance, on s'étonne que ce moyen si simple de réparer de graves dommages ne soit pas employé partout où la société fait des progrès dans la voie de l'ordre et de l'économie. Sauf en Algérie où, depuis quinze ans, le système de la prime-fixe est établi et où, depuis deux ans, celui de la mutualité a été fondé; il n'existe pas dans les colonies françaises de Compagnie d'Assurance contre l'incendie. Les habitants de l'île de la Réunion, qui déploient leur génie inventif et laborieux avec tant de succès, malgré tant d'obstacles, et qui, au milieu de difficultés sans nombre, créent des richesses avec une activité merveilleuse, n'ont pas encore doté leurs douze communes d'une institution qui garantirait au père de famille sa fortune, à la colonie sa prospérité. Nos Antilles, si heureusement dotées sous le rapport du sol et du climat, ont eu recours à tous les moyens pour se préserver des effets de la malveillance qui prélève l'impôt du feu sur leurs récoltes et leurs habitations; mais le plus efficace de tous ces moyens, l'Assurance mutuelle, ne fonctionne pas encore au milieu de populations que la justice la plus sévère et la plus vigilante ne peut mettre complétement à l'abri du fléau.

Cependant on a sous les yeux les exemples de Maurice et de la Havane, qui n'ont pas tardé si longtemps à organiser sur leur territoire, voisin de nos belles possessions, des sociétés de secours protectrices de l'agriculture et de l'industrie.

Faire supporter par la généralité ou par un grand nombre de personnes la perte occasionnée à une seule d'entre elles par un événement fortuit, le préjudice causé par un accident à une seule usine ou à un seul domaine, voilà le but de l'assurance. On peut, au moyen de la répartition des effets d'un sinistre sur plusieurs propriétaires, annuler un désastre; on peut dompter un élément destructeur par l'assurance.

Les colons français des Antilles et de la Réunion l'ont bien reconnu; mais ils n'ont cru à la possibilité d'établir chez eux un sauvetage efficace que lorsqu'ils ont appris qu'à l'appel du gouvernement, la métropole viendrait sur leur sol lointain fonder avec son aptitude et sa force, avec sa puissance de centralisation, l'institution qui leur manque et dont ils ont toujours compris la nécessité parmi eux.

Voici en quels termes un indigène de la Réunion faisait ressortir cette nécessité aux yeux clairvoyants de l'esprit distingué qui représente à Paris les intérêts de cette île près le Comité directeur des colonies (1) :

« Nous avons souvent parlé en famille, comme dans des cercles d'amis, des assurances contre l'incendie, et nous avons toujours déploré qu'une colonie aussi prospère que la nôtre soit privée du bienfait de ces assurances. Souvent, votre nom est venu en mémoire avec l'espoir fondé qu'un esprit aussi actif, aussi élevé que le vôtre a dû être frappé de ce vice existant dans notre situation coloniale.

» Certes, la propriété est riche à l'île de la Réunion ; mais elle n'a rien de solide quant au fond. Sans l'assurance, la propriété immobilière n'y est que fictive ; que représentent en effet, des nombreuses maisons de Saint-Denis, qu'un incendie pourrait réduire un jour ou l'autre en un monceau de ruines?...

» Au contraire, quelle garantie pour les transactions, pour les affaires en général, que l'assurance des immeubles par une Société sérieusement établie! la police d'assurance, validée par l'acquit de la prime, représenterait une valeur réelle, transmissible au besoin, escomptable pour ainsi dire. Ce serait une véritable métamorphose de la valeur des propriétés immobilières dans notre île ; de fictive, cette valeur deviendrait réelle.

» Je pense qu'une Compagnie d'Assurance, *organisée en France pour fonctionner à Bourbon*, donnerait des résultats avantageux dès le principe de son installation et fort brillants dans l'avenir. Ce ne serait pas le nombre des adhérents

(1) Lettre de M. J. Chabrier à M. Imhaus, du 5 mars 1860.

qui ferait défaut, si la prime n'était pas trop élevée. Le choix seul entre les adhérents à l'assurance embarrasserait. »

Ces mêmes idées furent prises en considération par les administrateurs de la Réunion. M. le président du Conseil général, après avoir demandé les renseignements propres à l'organisation de l'entreprise, les transmettait au délégué en lui signalant ce fait certain « qu'une Société d'Assurance est indispensable à la » Réunion pour donner de la fixité aux fortunes; » et il terminait ainsi : « Je me résume, en disant que ce » serait rendre un service au pays (1). »

Les procès-verbaux de la session extraordinaire du Conseil général de la Martinique, tenue en mai dernier, témoignent de l'émotion causée dans ce pays « par les incendies provenant de la malveillance » qui prennent de jour en jour une intensité plus » grande. » On ne s'est pas contenté de déplorer ces sinistres, on a voulu les prévenir et l'on a fondé une *Caisse de secours* pour venir en aide aux Compagnies d'Assurances qui étendraient leurs opérations dans la colonie. Voter ainsi une taxe de centimes additionnels à ajouter à la contribution personnelle, c'était commencer l'utile application du système de la mutualité en matière d'assurances. Si la taxe n'eut frappé que sur les immeubles, au lieu d'être une sorte de capitation, elle eut réalisé le projet des plus fervents adeptes de ce système; car ils n'ont qu'un but : c'est de soumettre tout propriétaire à l'assurance comme à l'impôt.

(1) Lettre de M. Ch. Desbassyns à M. Imhaus, du 5 avril 1860.

II

NOS TRAVAUX PRÉLIMINAIRES POUR ÉTABLIR L'ASSURANCE MUTUELLE DANS LES COLONIES.

Le gouvernement de l'Empereur, jaloux, comme son glorieux Chef, de venir en aide aux intérêts des colonies, daignait offrir, il y a deux ans, son patronage et son appui aux économistes qui ont fait des matières d'assurances l'objet particulier de leurs études et qui voudraient prendre dans ces contrées l'initiative d'une création dont la réussite y serait douteuse sans son concours.

Alors, présenté à M. le comte de Chasseloup-Laubat par l'un des éminents collègues de ce ministre, M. Barse obtint l'autorisation de lui soumettre une série de questions, en vue de parvenir à connaître la statistique locale qui doit servir de base à des tarifs et à des statuts.

Ministère de l'Algérie et des Colonies. — Division de l'Administration coloniale.

« Paris, le 14 mai 1860.

» *A M. Louis Barse, chef du contentieux de la Caisse générale des Assurances agricoles.*

» Monsieur,

« M. le Directeur de l'Administration coloniale m'a chargé d'avoir l'honneur de vous recevoir pour connaître les communications que vous désireriez vous être faites dans l'intérêt de la constitution d'Assurances dans les colonies.

» Je serai tout à votre disposition, Monsieur, demain ou bien après-demain, si ce jour vous convient mieux, etc.

» Agréez, etc.

» *Le Chef du 2e bureau de l'Administration coloniale,*

» H. DU CHAYLA. »

« Paris, le 15 juin 1860.

» Monsieur,

» Vous vous êtes adressé, le 1er de ce mois, à mon département, à l'effet d'obtenir des renseignements susceptibles de servir de base à la formation d'une Compagnie d'Assurance à primes-fixes dans les colonies.

» Je viens de transmettre à MM. les Gouverneurs de nos principales colonies les diverses questions que contient à ce sujet votre lettre précitée, et je vous ferai connaître le résultat de cette communication.

» Pour le Ministre,

» *Le Conseiller d'Etat,*

» B. DE ROUJOUX. »

« Paris, le 28 août 1860.

» Monsieur,

» J'ai eu l'honneur de vous faire connaître, sous la date du 15 juin dernier, que j'adressais à MM. les Gouverneurs des colonies, avec invitation d'y satisfaire au plus tôt, la série de questions que vous m'aviez soumises en vue de la constitution d'une Compagnie d'Assurance contre l'incendie dans ces établissements.

» Je hâte encore, par une dépêche spéciale, l'envoi, par les Administrations coloniales, des renseignements qui leur ont été demandés.

» Je remarque, toutefois, qu'ainsi que m'en a informé votre lettre du 12 de ce mois, le système sur lequel votre Compagnie devait être établie a été changé dans sa base, puisque vous

vous êtes déterminé à substituer la mutualité à la prime-fixe. Cette importante modification me semblerait de nature à rendre moins indispensables les renseignements qui doivent être envoyés des colonies, ou du moins de nature à permettre de donner cours à votre institution en attendant ces renseignements.

» L'assurance contre l'incendie devra être une condition des prêts que pourront obtenir les habitants de nos colonies pour arriver à la transformation ou à l'amélioration si nécessaire du mode de fabrication du sucre colonial. Cette circonstance ne pourra manquer d'avoir une grande influence sur les dispositions des propriétaires à accepter un système d'assurance qui ne doit les engager que dans la proportion d'une nécessité commune. Les nouveaux appareils de fabrication qui seront introduits dans les colonies auront d'ailleurs l'avantage de rendre plus rares les incendies qui, dans les campagnes, atteignent surtout les vastes hangars où sont accumulées les parties ligneuses de la canne à sucre appelées *bagasses*, et qui sont destinées au chauffage des fourneaux d'usine. Ces appareils, en permettant d'arriver à une prompte dessication des bagasses et de les employer au fur et à mesure, tendrait à favoriser l'atténuation du taux des cotisations pour les propriétaires qui se seront procurés les appareils perfectionnés.

» Je désire très-vivement, Monsieur, que l'issue de la combinaison, dont vous m'entretenez par votre lettre précitée, soit retardée le moins possible, afin que rien ne vienne mettre obstacle au bienfait que les habitants de nos colonies doivent retirer de la facilité qui leur sera ouverte d'obtenir des avances pour relever leur industrie.

» Agréez, etc.

» B. DE ROUJOUX. »

« Paris, le 11 octobre 1860.

» Monsieur,

» Vous trouverez ci-joint, au nombre de trois copies, des relevés statistiques que M. le Gouverneur de la Martinique m'a fait parvenir, relativement aux incendies et à la propriété immobilière dans cette colonie.

» Ces documents sont destinés à satisfaire aux diverses questions que vous m'avez adressées sur ce double sujet par votre lettre du 1er juin dernier.

» En m'envoyant les relevés dont il s'agit, M. le Gouverneur de la Martinique s'exprime ainsi :

» *Toute confiance doit être ajoutée à ces renseignements, qui ont été recueillis avec le plus grand soin.*

» Je vous transmettrai, dès qu'ils me seront parvenus, les documents analogues que j'attends des autres colonies.

» Agréez, etc.

» B. de Roujoux. »

Le Gouverneur de l'île de la Réunion à S. Exc. M. le Ministre de la marine et des colonies.

« Saint-Denis (île de la Réunion), 6 janvier 1861.

» Monsieur le Ministre,

» En réponse à la dépêche du 25 août dernier, par laquelle vous avez réclamé l'envoi des renseignements demandés pour fonder une Compagnie d'Assurance, j'ai l'honneur de faire connaître à Votre Excellence qu'en même temps que votre département s'adressait à l'Administration locale pour avoir des renseignements destinés à servir de base à la formation, dans la colonie, d'une entreprise d'Assurance contre l'incendie, la Compagnie autorisée faisait faire, dans un but identique, des démarches auprès de l'Administration par son correspondant, M. Chabrier.

» M. Chabrier a envoyé à son commettant (M. Louis Barse) les renseignements qu'il a puisés à cet effet, avec le concours de l'Autorité, aux diverses sources d'administration où ils peuvent être recueillis, avec toutes les garanties désirables d'exactitude et d'authenticité.

» Je crois donc que le moyen le plus simple et le plus rapide de donner satisfaction au vœu de la dépêche du 25 août, est de me référer aux renseignements fournis par M. Chabrier, en priant Votre Excellence de vouloir bien les considérer comme ayant reçu l'attache officielle de l'Administration locale.

» Agréez, etc.

» *Le Gouverneur,*

» DARICAU. »

Cette correspondance prouve que, dès le mois d'octobre 1860, M. Louis Barse était en état de préparer des statuts et des tarifs, établis sur des documents sûrs et positifs.

Un acte fut dressé en l'étude de Me PASCAL, notaire à Paris, dans les premiers jours de novembre, entre les personnes qui voulaient fonder la Compagnie d'Assurance, de concert avec le possesseur de ces documents, en dehors desquels il serait difficile d'avoir une statistique digne de confiance.

Le 25 novembre, l'acte contenant les statuts et la demande en autorisation de la Société furent présentés par le Conseil d'administration provisoire à M. le Ministre du commerce compétent, à raison de la fixation du siége social à Paris, pour instruire l'affaire avant de la soumettre au Conseil d'Etat.

Consulté sur l'utilité de la nouvelle institution, M. le Ministre des colonies répondait, le 18 décembre, à son collègue, M. ROUHER, en des termes qui ne laissaient aucun doute à cet égard :

« L'utilité d'institutions de ce genre est incontestable ; il ne peut qu'être extrêmement important que la lacune qui existe à ce sujet dans nos colonies se trouve comblée le plus tôt possible. En effet, outre les avantages qu'il y aurait, en tout état de cause, à ce que les propriétés coloniales pussent bénéficier d'institutions dont la nécessité est si bien reconnue en Europe; les circonstances particulières où nos colonies se trouvent aujourd'hui placées, ajoutent encore aux motifs qu'il pouvait y avoir de favoriser la formation de ces sortes d'établissements.

» Un décret du 14 décembre 1860, en autorisant une société dite de *Crédit colonial*, a eu pour objet de faciliter aux propriétaires de nos colonies des emprunts destinés à les mettre à portée de renouveler ou d'améliorer les usines servant à la fabrication du sucre, les anciens appareils ne permettant pas, par leur imperfection, de placer le sucre colonial dans des conditions de bonne concurrence vis-à-vis de la sucrerie indigène. L'assurance des propriétés contre l'incendie était une des garanties que la Société du Crédit avait jugées absolument indispensables, pour qu'elle pût faire des prêts avec sécurité, etc. »

Plus tard, c'est-à-dire au mois de février 1861, la lettre de M. le Gouverneur de la Réunion, du 6 janvier précédent, écrite pour attester que les documents transmis par M. Chabrier à M. Barse sont authentiques, étant parvenue à M. le Ministre des colonies, ce haut fonctionnaire en faisait délivrer ampliation à M. le Ministre du commerce, en ajoutant .

« Dans une lettre du 18 décembre dernier, j'ai eu l'honneur de vous signaler les motifs tout particuliers qui portaient mon département à attacher le plus vif intérêt à la réalisation d'un projet que vous m'avez communiqué, et qui est relatif à la formation d'une Société d'Assurance contre l'incendie. En réponse à une demande de renseignements que j'avais précédemment adressée à MM. les Gouverneurs de nos principales colonies en vue de la formation de cette Société, je viens de recevoir de M. le Gouverneur de la Réunion une lettre dont je crois devoir ci-joint vous donner copie, comme complément de ma lettre précédente, etc. »

Examen fait dans les bureaux du Ministre compétent, avec la plus scrupuleuse attention, des statuts déposés le 25 novembre entre les mains du chef de ce département, il fut reconnu en février qu'ils devaient subir quelques modifications.

Un nouvel acte a donc été formulé le 16 avril 1861, conformément aux prescriptions de la loi, dans une séance où étaient réunis les colons présents à Paris, et a été signé par eux le 20 du même mois, dans l'étude de Me Pascal, notaire.

Ce contrat, qui renferme le texte des nouveaux statuts, constate également la promotion des personnes élues le 16 avril, à l'unanimité, pour composer le Conseil provisoire d'Administration et occuper les fonctions de Président et de Vice-Président, ainsi que le poste de Directeur général.

III

POURQUOI NOUS AVONS PRÉFÉRÉ LA MUTUALITÉ A LA PRIME-FIXE.

Les Anglais ont inventé et préconisé la prime-fixe. Dans leur pays, qui est celui de la spéculation par excellence, le système de l'assurance, basée sur un fond de garantie qui ne court jamais aucun risque, puisque, s'il pouvait être atteint, il pourrait être absorbé; ce système, qui ne va qu'aux privilégiés de la fortune, aux favoris de l'opulence, occupe encore les neuf dixièmes du terrain. Mais la mutualité, secours des petits, appui des faibles, refuge des pauvres contre un mal qui, à l'égal de la mort, courbe tout sous son niveau, la mutualité est née, sur le sol français, des inspirations de la charité chrétienne. Dans les annales de l'assurance, la prime-fixe est le passé, la mutualité, le progrès. En ceci, comme en tout, le temps a marché, et le cours des choses a produit l'amélioration. On refusait les bienfaits de l'association avant de les connaître ; c'était combattre à ses propres dépens. On donnait à la spéculation ce qu'on aurait pu conserver pour la bienfaisance ou garder pour soi-même en son épargne domestique.

Mais l'abaissement considérable que la mutualité fait subir au prix de revient des assurances, joint au développement de l'esprit de conservation qu'elle propage et qu'elle augmente, a conduit la France continentale et algérienne à rechercher ce dernier système, qui chasse en vainqueur son rival devant lui, comme la lumière dissipe l'ombre... en se montrant !

Tandis que la prime-fixe n'assure en Angleterre qu'au prix de 2 fr. par 1,000 fr. de valeur assurée, et en France qu'à celui de 97 c., la mutualité garantit le continent français les mêmes risques au prix de 50 centimes.

Si l'on tient compte de la différence au point de vue de la valeur monétaire qui existe entre nos colonies et notre continent, on admettra que des tarifs d'assurance doivent être plus élevés au-delà des mers que sur les bords de la Seine. Aussi la prime-fixe, opérant dans l'inconnu en profitant des distances, n'a-t-elle jamais plus exagéré ses primes que lorsqu'elle a daigné recevoir sous son égide les propriétés de nos colons. Prenons la moyenne des degrés de risque divisés en six catégories et en deux classes, nous verrons que la prime-fixe aux colonies perçoit en moyenne 30 ou 75 fr. sur les tarifs anglais, tandis que nous ne demanderons au maximum, pour la moyenne de notre mutualité, que 7 fr. environ.

Ainsi faisait, en 1859 encore, la Compagnie anglaise le *Sun* à la Martinique; ainsi font à l'île Maurice d'autres Compagnies de même origine. Mais la colonie française-américaine n'a pu supporter comme la colonie anglaise-africaine des prix d'assurance aussi exhorbitants, d'autant qu'ils allaient en s'augmentant chaque année. Le tarif moyen des Anglais dépassait le niveau moyen des fortunes dans nos Antilles. Le spéculateur britannique y a tué la poule aux œufs d'or; car c'est en voulant chercher le métal jusqu'au fond des entrailles qu'il exploitait, qu'il s'est vu expulsé d'une contrée dont il serait le maître, s'il n'eut voulu l'écraser.

Il est à croire que l'importation du système anglais à la Réunion n'amènerait qu'un pareil échec, bien que la sève industrielle, le nerf producteur soient plus énergiques dans un hémisphère que dans l'autre, à la Réunion qu'à la Martinique.

Au surplus, que l'on applique la mutualité ou la prime-fixe; dans les deux cas, l'assuré doit : 1° une somme pour parer aux sinistres; 2° une somme pour composer la réserve; et 3° une somme pour subvenir aux frais de gestion de l'entreprise.

Mais, en outre, celui qui a préféré la prime-fixe,

est tenu de payer une quatrième contribution, qui ne fait que croître aussi quand elle revient à des Anglais. Comme la prime-fixe entend couvrir le montant intégral des sinistres, elle dispose, à cet effet, d'un capital qui, divisé en actions, exige pour lui-même une double rémunération; savoir : l'intérêt de ce capital et le dividende pour l'actionnaire.

« On aperçoit sur-le-champ la supériorité de l'assurance mutuelle sur l'assurance à prime-fixe. Celle-là, véritable institution d'utilité publique, telle que doit être toute institution appliquée aux risques, aux désastres, aux fléaux qui désolent l'humanité, ne demande aux assurés qu'un sacrifice égal à la perte éprouvée; celle-ci perçoit en outre un gain; elle s'enrichit d'un bénéfice; elle spécule sur les chances du naufrage; elle escompte les risques d'incendie (1). »

En résumé, la préférence et l'avantage appartiennent à la mutualité, parce que, sans diminuer la sécurité de l'assurance, elle produit une économie réelle en faveur de l'assuré.

De plus, elle éveille la sollicitude de tous pour sauvegarder la chose de chacun; elle permet d'écarter les assurés suspects et de reconnaître plus aisément les auteurs d'un acte ou d'une tentative criminels.

Mais on objecte qu'elle est insuffisante pour couvrir les sinistres, si elle ne déclare pas tous les assurés solidaires pour en supporter les conséquences.

En principe, la solidarité est exclue de la mutualité.

(1) Le Hir, *Manuel d'assurance*, excellent opuscule où brille en peu de mots l'éclat d'une idée juste, exposée en termes élémentaires d'une instructive et familière simplicité.

A quoi bon grever les biens assurés au-delà du danger présumé qu'ils courent réciproquement? En mutualité, il n'est nullement nécessaire d'asseoir la garantie sur une base de cette nature, puisque le total des contributions doit être égal à celui des *sinistres présumés*, pour qu'on soit assuré *ferme*, c'est-à-dire pour que la société soit passible des pertes.

Voici un exemple : d'après nos tableaux de statistique, l'année la plus calamiteuse à la Martinique, en dehors de 1848, aurait été l'année 1858. Le total des sinistres se serait élevé à 255,000 fr. La Société mutuelle, pour payer cette somme, aurait dû trouver dans sa caisse dix fois 25,500 fr., ou cent fois 2,550 fr., ou mille fois 2 fr. 55 c., et comme elle aurait été obligée, pour récupérer ces sommes qui n'offrent qu'un même total, d'agir sur des assurés plus ou moins nombreux, et de recouvrer des cotisations plus ou moins fortes, on aurait dû ajouter une autre somme pour frais d'administration; tenant compte des non-valeurs, nous porterons les 2 fr. 55 par 1,000 fr. assurés à 4 fr. 55, et nous dirons que cette contribution, pouvant être perçue individuellement sur des assurés solvables, on n'avait pas besoin d'astreindre chacun d'eux, par la solidarité, à l'acquittement des 255,000 fr. perdus sous forme de sinistres, à la Martinique, en 1858.

D'ailleurs, jamais le montant des contributions réunies pour faire face aux sinistres de la mutualité, ne doit être l'équivalent de la valeur des biens assurés; car il ne saurait arriver que tous ces biens fussent à la fois absorbés, anéantis par une calamité, affectant le même exercice.

On limite donc la garantie mutuelle à une très-minime portion des immeubles ou des meubles de chaque sociétaire, portion qui, sur le continent français, est ordinairement de 1 fr. pour 1,000 fr. de valeurs du premier risque, de celles qui par leur construction ou leur nature offrent le moins de chances d'incendie.

Ainsi chaque sociétaire ou assuré sait d'avance à quoi il s'engage, quelle sera l'étendue de sa responsabilité; et, comme d'ailleurs toutes les chances mauvaises ont été largement prévues; comme, suivant les probabilités, le maximum de garantie ne sera jamais atteint; comme, d'après l'expérience, les contributions annuelles ne vont pas annuellement au quart, au tiers, au cinquième; comme elles n'atteignent même pas quelquefois le huitième, le dixième du fonds perçu pour les sinistres, il arrive que chacun se trouve d'avance rassuré sur les éventualités qu'il peut courir, bien certain que, quelle que soit l'importance des sinistres, il aura toujours en résultat, et sur une moyenne de plusieurs années, beaucoup moins à payer comme assuré de la mutualité, que s'il était assuré par les Compagnies à prime-fixe.

On a opposé aussi au système de la mutualité, que les sinistres ne sont couverts qu'à la fin de l'exercice courant.

Mais les Sociétés d'Assurance mutuelle ne perçoivent-elles pas leurs cotisations d'*avance* aussi bien que les Sociétés à prime-fixe? L'ensemble de ces cotisations réunies constitue le fonds dit *de prévoyance*, c'est-à-dire le fonds demandé chaque année pour parer aux sinistres d'un exercice. Une fois encaissé, pourquoi ce fonds ne serait-il pas de suite employé à sa destination, pourquoi ne servirait-il pas sur-le-champ à indemniser les sinistrés?

Supposons qu'il y ait insuffisance; alors on aurait recours au fonds de réserve.

Qu'est-ce que le fonds appelé de *réserve?*

C'est le produit ou le total des sommes qui n'ont pas été absorbées par les sinistres sur le fonds de prévoyance dans les bons exercices ou dans les années favorables. Afin de composer plus rapidement ce fonds de réserve, on élève la cotisation des premiers exercices d'une contribution légère qui cesse d'être perçue, dès que le fonds de réserve a atteint son chiffre normal, c'est-à-dire le niveau présumé des années les plus calamiteuses.

Dans les Sociétés à prime-fixe on désigne, sous le nom de fonds *de garantie,* ce que nous connaissons en mutualité sous celui de fonds de réserve. Il y a cependant à faire cette distinction : c'est que la réserve est un capital provenant des économies qu'on a pu faire, quand les chances ont été avantageuses à l'assurance, tandis que la garantie est un capital mis par l'assureur lui-même à la disposition de ses sinistrés. Or, comme la moyenne du nombre des sinistres ne varie pas, suivant qu'on en est indemnisé par la prime-fixe ou la mutualité, tout assureur, quel que soit le système dans lequel il opère, doit avoir en caisse une somme égale pour parer à cette moyenne. Par conséquent, pour la même quantité de sinistres présumés, la réserve ou la garantie doivent être élevées au même niveau.

Mais, dit-on, si la moyenne est dépassée, la réserve

devient insuffisante et la mutualité ne couvre pas l'intégralité des sinistres.

Cela est vrai; la mutualité n'a pas la prétention surhumaine de faire plus que le possible. Oui, tel événement peut se produire qui absorbera son fonds de prévoyance et son fonds de réserve. Cela serait arrivé en 1848 à la Martinique, lorsque, dans la ville de Saint-Pierre, le terrible incendie des 22 et 23 mai dévora 420,000 francs en valeurs assurables. Un tel fait, s'il se fût renouvelé dans un deuxième, dans un troisième exercice consécutivement, aurait épuisé la caisse d'assurance; et la mutualité, basée sur un calcul différent, sur un chiffre de sinistres présumés beaucoup moindre, aurait dû se borner à répartir entre les sinistrés le montant de ses ressources au prorata des pertes de chacun d'eux.

Mais qu'on nous dise comment un fond de garantie, qui n'est composé que d'après le calcul des éventualités ordinaires, eut suffi dans le même cas? Les forces de la prime-fixe auraient été complétement vaincues, et il eût fallu liquider, car le fonds de garantie, capital dormant, n'est jamais élevé à une puissance qui corresponde à des nécessités improbables puisque la partie de ce fonds qui ne serait jamais employée pèserait comme dépense ou comme perte sur le capitaliste.

Constatons ceci : Prime-fixe et mutualité se trouvent dans une position identique vis-à-vis de la quotité présumée des sinistres. Il y a donc similitude absolue quant à la réserve et à la garantie; ce sont deux sommes portant une dénomination différente, mais qui ne sont pas plus sûres l'une que l'autre de ne pas être dépassées, s'il éclate des incendies extraordinaires, comme par exemple lorsque sur les bords de la Tamise les millions du commerce universel sont dévorés par les flammes.

Par quel moyen les Compagnies anglaises résistent-elles à de tels coups?

Par un moyen dont la mutualité dispose tout aussi bien que la prime-fixe.

Par la *Réassurance*.

En 1862, le Palais-de-Cristal, à Londres, renfermera sous ses voûtes immenses peut-être un milliard en valeurs assurables. Toutes ces richesses seront certainement assurées. Qu'il survienne (chose impossible!) un sinistre si grand que tout soit englouti. N'a-t-on pas vu des villes comme Grenoble emportées par des inondations, ou d'autres, comme dans nos Antilles, détruites par des tremblements de terre?

Est-ce que tous les assureurs à prime-fixe de l'opulente Angleterre pourraient, avec leurs fonds de garantie, couvrir un aussi grave sinistre? Non, évidemment.

Mais, dans cette prévision, le génie britannique aura su se précautionner par la réassurance. Toutes les Compagnies à prime-fixe ou mutuelles du globe auront été appelées par des agents, tels que l'habile M. Kilfort, Anglais qui dirige une maison de réassurance à Paris, à prendre une part proportionnelle dans l'assurance du Palais-de-Cristal, cet écrin merveilleux du genre humain tout entier.

N'oublions pas que les statuts des Sociétés mutuelles leur prescrivent de ne pas dépasser une somme de risques sur le même objet, et que la prudence conseille à leurs administrateurs de diviser les risques importants par la réassurance.

Certains esprits ont imaginé d'alléguer que les Sociétés mutuelles, tout aussi bien que les Sociétés à prime-fixe, pouvaient avoir un fonds de garantie. A moins de sortir du sens littéral des termes, et sous peine de ne plus se comprendre, il faut reconnaître que cela n'est pas. Qui dit fonds de garantie, parle d'une somme déposée pour un cas déterminé et productive d'intérêts au profit du déposant, qu'il soit un ou multiple, capitaliste ou actionnaire. Les Sociétés mutuelles n'ont rien pour payer des intérêts et distribuer des dividendes; elles n'ont pas besoin d'immobiliser un capital au-delà de leur fonds de réserve, puisque celui-ci correspond à leurs sinistres présumés, et qu'étant ainsi en règle vis-à-vis de leurs assurés, elles se constitueraient inutilement en dépense et en perte si elles formaient un fonds de garantie, tout comme une Société à prime-fixe si elle en formait deux.

Aussi, le Conseil d'Etat, l'intelligent organisateur des Sociétés mutuelles, les a-t-il protégées contre ce luxe ruineux de voies et moyens proposés par certains fondateurs de ces Sociétés pour parer aux sinistres.

En 1860, avant le mois de juin, la Caisse générale des Assurances agricoles, préoccupée de cette objection (qui ne méritait d'être réfutée que par une simple explication du mécanisme de la mutualité) que la prime-fixe est préférable parce qu'elle a un fonds de garantie, demanda au Conseil d'Etat l'autorisation d'offrir aux assurés de sa Compagnie *mutuelle* ce même fonds de garantie pour plusieurs millions.

Mais la section du Conseil d'Etat rejeta nettement cette proposition.

L'objection s'étant reproduite avant le mois de février 1861, la Caisse agricole. au lieu d'en détruire la valeur aux yeux du public, revint à solliciter l'autorisation de constituer le même fonds de garantie.

Mais, cette fois-ci, la section du Conseil d'Etat n'eut pas même à se prononcer, car on ne lui soumit pas de rechef cette demande, incompatible par sa nature avec les statuts de la Caisse *mutuelle* des Assurances agricoles.

Enfin, une circonstance qui doit engager les assurés à préférer la mutualité, c'est qu'au lieu de se trouver en opposition, dans le cas de sinistre, avec les spéculateurs dont naturellement la tendance est de diminuer l'indemnité, le sinistré est jugé par ses pairs, qui n'ont pas un intérêt direct à faire amoindrir le secours qui lui est dû.

En France, si les 31 milliards assurés par la prime-fixe étaient aux mains de la mutualité, les propriétaires y gagneraient annuellement plus de 14 millions!... et ce que coûteraient les 120 milliards assurables de la France, assurés par la prime-fixe, excéderait annuellement de plus de 81 millions ce que coûteraient les mêmes 120 milliards assurés par la mutualité.

« Le développement de la mutualité a rendu l'assurance plus facile, surtout l'assurance des grandes usines et des grands établissements commerciaux. Il n'y a pas de garantie comparable à celle de la mutualité; il ne peut pas y avoir de plus puissant fonds de garantie que celui qui, nécessairement, s'accroît en même temps que s'augmenteront les valeurs assurées. Quoique les assurés de la mutualité ne soient pas solidaires, quoique la garantie, même fournie par chacun d'eux, ne puisse pas devenir onéreuse, cette garantie est cependant sérieuse, beaucoup plus puissante que la plus forte garantie qu'offrent, par leur fonds social, les Compagnies à prime-fixe. A l'assurance mutuelle appartient donc l'avenir; quoi que fassent les dénigrements passionnés, les mensonges intéressés, aucun autre système ne prévaudra contre elle (1). »

C'est donc par le raisonnement et par l'observation que nous avons été conduits à préférer la mutualité.

Et c'est d'après les avis de l'un des plus hauts personnages qui nous ont encouragés et aidés que, pour les colonies surtout, nous avons renoncé à faire l'application du système de la prime-fixe, attendu que là, plus qu'ailleurs, il serait plein de périls pour l'assureur, et qu'il n'offrirait pas aux assurés des avantages aussi grands et aussi certains que ceux du système nouveau ou de la mutualité qui s'augmenteront tous les jours.

IV

DE NOTRE SIÉGE SOCIAL.

L'exclusion des risques trop dangereux et des propriétaires improbes, voilà la partie la plus délicate de l'œuvre d'un Conseil d'administration placé à la tête d'une Compagnie d'Assurance mutuelle. Tandis que les Directeurs d'une Société à prime-fixe ont toute l'indépendance d'un spéculateur, maître de livrer à tel ou tel, ou de conserver sa marchandise, pour apprécier librement la valeur des choses et des

(1) Le Hir, *Manuel de l'Assurance.*

hommes à eux proposés pour une assurance... les gérants d'une mutuelle subissent une double pression qui les gêne, soit lors des demandes d'inscription du nom d'un propriétaire sur leur liste d'assurés, soit lors de l'estimation des pertes sur une propriété sinistrée. Alors, les influences se produisent, la résistance faiblit; des propriétaires peu délicats s'introduisent dans la Société. En vain a-t-on pris la mesure de laisser l'assuré son propre assureur pour une partie de la valeur de ses biens; des incendies dont la malveillance, dont la cupidité est la cause réelle, éclatent, et un débiteur sort d'embarras en touchant son indemnité. On ne saurait le contester, tout Conseil d'administration d'une Société mutuelle, établie au milieu d'une population peu nombreuse, dans un centre restreint, dans un cercle étroit, où il ne peut se mouvoir que sur place et au milieu des indiscrétions, manque de l'indépendance, de la force nécessaire pour rejeter une adhésion d'assurance proposée par une personne influente, mais qui n'inspire pas une confiance absolue.

Aussi les Sociétés mutuelles qui ont végété ou péri, n'ont-elles dû leur chûte qu'au défaut de renseignements exacts pour asseoir leurs tarifs, ou à l'impuissance de ceux qui les régissaient et n'osaient pas dominer des exigences contraires à la prospérité de l'institution.

Ce vice organique de la mutualité ne peut-être corrigé, que si l'on superpose à l'administration d'une localité un pouvoir de révision qui, ne redoutant aucune inimitié, placé au-dessus de toute rancune, élevé dans la haute sphère d'un juge sur son tribunal, admet ou rejette les adhésions d'assurance avec une impartiale justice, sans redouter aucun ressentiment.

Installé sous les yeux et la surveillance de l'autorité supérieure, ce pouvoir central empêchera tous les abus qui se glissent dans les meilleures entreprises, qui détruisent l'harmonie entre les rouages des machines les mieux combinées.

Supposons que la théorie erronée du fonds de garantie en mutualité se fut produite en province, elle aurait pu s'y accréditer et entraver le jeu d'une de ces petites sociétés en miniature, qui n'ont que l'horizon d'un clocher rustique. Admettons qu'ont eut osé l'émettre à Paris, la presse docte et sensée eut détrompé le public à cet égard, avant même que le Conseil d'Etat, s'éclarant des lumières de la raison, eut empêché cette théorie de passer dans les faits.

La science de l'assurance appartient aux Sociétés mutuelles comme aux Compagnies à prime-fixe. Or, la lumière part du foyer. Paris est le centre d'où rayonne sur toutes les Sociétés mutuelles, si nombreuses et si diversement administrées dans nos départements, le jour qui les éclaire et les ramène dans la voie de l'ordre et du progrès, dans la ligne de leurs statuts dès qu'elles s'en sont écartées.

Quelle est la grande institution coloniale qui ne se fait pas, dans son propre intérêt, réglementer dans la métropole? Est-ce que tout récemment, dans sa séance extraordinaire du 21 mai 1861, le Conseil général de la Martinique ne consacrait pas notre idée par son suffrage, quand il renvoyait à une commission l'examen d'une proposition « tendant à fonder une institution

» du Crédit foncier aux colonies » à la condition entre autres, « que le siége de la Société serait à Paris où » siégerait le Conseil d'administration et le Conseil » général; qu'il y aurait dans chaque colonie un agent » principal et un Conseil de surveillance. »

Ainsi notre idée trouve des imitateurs. Hors Paris, en matière d'assurance, point de lumière vraie qui guide les pas des deux contractants : l'assureur et l'assuré.

Les banques coloniales, le crédit industriel colonial n'ont réussi ou ne réussiront que parce qu'ils se sont dégagés, dès le début, des entraves qu'oppose à tout succès l'esprit des petites localités.

Il faut que l'assurance mutuelle, comme il y a vingt ans l'instruction primaire, descende des hautes sphères sur les communes pour qu'elles en subissent l'heureuse, la salutaire, la vitale et progressive influence.

Mais on redoute une pression trop forte du centre parisien sur les divisions coloniales. Cette appréhension est mal fondée. Au point de vue de la dépense, un bureau central ne coûtera pas au-delà des frais qu'exposent les Sociétés rivales; au point de vue des répartitions entre sinistrés et des admissions à l'assurance, le bureau central n'excédera jamais le taux de l'équité ; il maintiendra donc dans la Société mutuelle l'ordre sans contrainte qui doit y régner.

La prime-fixe sait bien qu'elle est condamnée à battre en retraite partout où s'établit la mutualité. Déjà, en Algérie, elle comprend que le jour approche où elle devra se retirer. Sur le continent français, il en est de même. Et il faudra bientôt que la mutualité triomphe aux colonies comme aux bords de la Seine et dans le Nord de l'Afrique.

Nous voyons en effet qu'il existe un écart énorme entre les tarifs de la prime-fixe et celui que nous proposons pour l'ensemble des mêmes propriétés coloniales. Qu'on jette les yeux sur notre tableau comparatif, en se rappelant toutefois que les chiffres posés par nous dans les colonnes de la prime-fixe anglaise et française ont été, les premiers, puisés dans les statuts britanniques appliqués soit à Maurice, soit à la Havane, soit à la Martinique, et les derniers ont été formulés en ajoutant aux tarifs des Compagnies à prime-fixe, publiés sur le continent français, la différence qui résulte de la valeur monétaire entre Paris et nos îles.

V

ÉCONOMIE DE NOS STATUTS.

Nous avons chaleureusement préconisé le système de la mutualité en matière d'assurance. Tous ceux qui se trouvent, comme les habitants de Paris, dans la circonscription d'une Société mutuelle en état prospère, n'auront aucune peine à croire aux prodiges que nous avons signalés, à l'abaissement fabuleux de la cotisation et des charges sociales, à la promptitude avec laquelle les sinistres sont remboursés, à la sécurité parfaite et à la garantie par excellence qu'offre la mutualité.

« Mais la mutualité appliquée aux assurances ne porte ses fruits que quand elle envahit tout un territoire ; quand tous les habitants d'une ville, d'un département, d'une vaste région s'y portent avec ardeur, avec intelligence, avec ensemble. Que tous se mettent donc à l'œuvre! Que l'assurance mutuelle soit expliquée, soit prônée, soit prêchée partout, dans les villes, dans les villages et dans les moindres hameaux (1). »

Cette grande et noble mission, les hommes éclairés de nos colonies veulent la remplir. De riches propriétaires, des administrateurs vigilants ont droit à nos remercîments : ils ont entendu notre appel.

Mais, pour mériter leur estime, nous devions exclure des statuts toute disposition contraire aux formes adoptées par le Conseil d'Etat. C'est pour cela que nous avons simplement rendus applicables aux colonies les règles inscrites dans le programme de la Société d'Assurances mutuelles autorisée le plus récemment à opérer dans nos départements continentaux. Le Conseil général de la Martinique, dans sa séance extraordinaire du 21 mai 1861, prescrivait que les statuts de la Société du Crédit foncier colonial « seraient calqués sur ceux du Crédit foncier de France, » sauf les modifications exigées par les différences des » lieux (2). » C'est ce que nous avons fait quand nous avons rédigé nos statuts d'assurance.

L'institution d'utilité publique et de bienfaisance que nous voulons fonder n'a rien qui touche à la spéculation. Les cotisations recueillies dans les colonies demeureront affectées au pays même et seront déposées dans les caisses coloniales comme fonds de prévoyance et de réserve, après prélèvement des frais d'administration.

Les actes de notre Compagnie seront surveillés par

(1) Le Hir, *Manuel de l'Assurance.*
(2) *Moniteur de la Martinique,* du 30 mai 1861.

un Comité local choisi parmi les principaux assurés et les notabilités; ils seront contrôlés, à Paris, par la Direction centrale, d'après les comptes-rendus mensuels qui lui seront expédiés de l'Algérie, de la Réunion ou des Antilles.

N'ayant pas de dividendes à distribuer, nous abaisserons le chiffre de nos cotisations en raison directe de l'accroissement du fonds de réserve et du nombre de nos sociétaires.

Après un laps de temps fort court, nous pourrons donc garantir, moyennant des rétributions très-minimes, les immeubles, les meubles, les marchandises en dépôt ou en magasin, les récoltes sur pied contre les désastres de l'incendie.

A ce moment, le but honorable que nous nous sommes proposé sera atteint; car, en mettant l'assurance à la portée de chaque colon ou de chaque propriétaire établi dans nos colonies, nous aurons rendu un service signalé à ces pays qui viennent d'être dotés d'un bienfait non moins grand, leur émancipation commerciale, grâce en partie au talent et au concours du publiciste éminent, de l'homme d'Etat, ancien délégué de l'une de nos colonies, qui doit présider à notre œuvre.

Louis Barse.

Directeur provisoire de la Caisse mutuelle des Assurances coloniales,

A Paris-Grenelle, rue du Commerce, 32.

STATUTS PROJETÉS

DE LA CAISSE

DES

ASSURANCES COLONIALES

ACTE DU 20 AVRIL 1861.

PAR-DEVANT Me L.-M.-E. PASCAL et son Collègue, notaires à Paris, soussignés,

Ont comparu :

1° M. L.-A.-A. BARSE, chef du contentieux de la *Caisse générale des Assurances agricoles*, demeurant à Paris, avenue de Lowendal, 6 ; agissant tant en son nom personnel qu'au nom et comme mandataire de M. J.-B.-M. MALAVOIS, armateur, chevalier de la Légion-d'Honneur, demeurant à Paris, rue Richer, 46, en vertu de procuration que ce dernier lui a donnée, etc.;

2° M. B.-A. Granier de Cassagnac, propriétaire, député au Corps législatif, demeurant à Paris, rue Saint-Florentin, 4 ;

3° M. O.-A.-R.-M. Leroy de Keraniou, capitaine au long cours, chevalier de la Légion-d'Honneur, demeurant à Paris, rue du Bac, passage Sainte-Marie, 9;

4° M.-P.-E. D'Arboussier, propriétaire, demeurant à Paris, porte Madrid, bois de Boulogne ;

5° M. N. Castéra, homme de lettres, demeurant à Paris, rue Taitbout, 72;

6° M. Chauvet-Charolais, rédacteur du journal *la Presse*, demeurant à Paris, boulevard de Strasbourg, 5 ;

7° M. J.-G.-D. Mourre, membre de la Société de Géographie, demeurant à Paris, rue de la Tour-d'Auvergne, 8 ;

8° M. A.-E. Dutertre-Lecoq, avoué licencié à l'île de la Réunion, demeurant à Paris, rue Richepanse, hôtel du Danube, 3 ;

9° M. A. Léon, négociant, demeurant à Paris, rue Neuve-Saint-Merry, 7 ; agissant au nom et comme se portant fort de M. J. Godefroy, propriétaire à Saint-Denis (Réunion).

10° M. J.-M. Vaudeaux, banquier, demeurant à Paris, rue de Hanôvre, 21, agissant en son nom personnel, comme propriétaire d'immeubles en Algérie et au nom et comme se portant fort de M. L. Jourdan, homme de lettres, propriétaire en Algérie, demeurant à Paris, rue Moncey, 16; enfin comme Directeur gérant de la Caisse générale des Actionnaires dont le siège est à Paris, rue de Hanôvre, 21 ;

11° M. H. Broussais, chef de service à la Caisse générale des Assurances agricoles, demeurant à Paris, rue Saint-Jacques, 57 ; agissant au nom et comme se portant fort pour M. Edouard Carpentier, adjoint au maire de Chéragas, demeurant audit lieu, département d'Alger (Algérie) ;

12° M. J.-B. Roubo, avocat, demeurant à Paris, rue Rameau 6 ; agissant au nom et comme se portant fort de M. Gillet, courtier de commerce, demeurant à Alger, et de M. Boulay, minotier, demeurant aussi à Alger.

Lesquels, voulant fonder une Compagnie d'Assurances mutuelles pour les colonies françaises ont considéré,

Que, dans l'*Exposé de la situation de l'Empire,* récemment publié, le gouvernement a déclaré qu'il avait tenté des efforts en vue de faire établir l'assurance contre l'incendie dans nos possessions d'outre-mer ;

Qu'en effet S. E. M. le Ministre de l'Algérie et des colonies avait fait délivrer officiellement, à M. Barse, des documents de statistique recueillis avec le plus grand soin par les autorités locales, afin qu'on put dresser des tarifs aussi économiques et aussi exacts que possible ;

Que, pour donner plus de force et d'avenir à une institution d'Assurance qui étendra ses opérations dans des pays séparés les uns des autres et tous éloignés de la métropole, il convient d'en placer l'administration sous l'œil du pouvoir central et dans les mains d'une Direction unique dont elle recevra, dans chacun de ses établissements particuliers, une impulsion plus suivie, plus régulière, tout en y conservant leurs intérêts distincts et leur autonomie spéciale;

Qu'en conséquence ils ont arrêté les statuts suivants :

STATUTS.

CHAPITRE Ier.

FORMATION, OBJET ET DURÉE DE LA SOCIÉTÉ.

Article premier.

Il y a Société d'Assurance mutuelle entre les propriétaires de valeurs mobilières et immobilières situées dans les possessions françaises d'outre-mer et ceux qui adhèreront aux présents statuts.

Art. 2.

La Société aura pour titre et dénomination : *Caisse mutuelle des Assurances coloniales.*

Art. 3.

Elle aura son siége à Paris et un domicile élu dans chacune des colonies où elle fonctionnera.

Art. 4.

Chacune des colonies aura une caisse séparée avec un fonds particulier et un tarif spécial.

Art. 5.

La Société a pour objet d'établir entre ses membres une Assurance mutuelle contre l'incendie.

Elle garantit ses assurés contre les risques locatifs définis par les art. 1733 et 1734 du Code Napoléon, ainsi que contre les recours des voisins résultant des art. 1382 et 1383 du même Code.

Elle a aussi pour objet la réassurance.

Art. 6.

L'assurance mutuelle s'applique, 1° aux immeubles par nature et destination ; 2° aux meubles, marchandises, outillages industriels, instruments agricoles, bestiaux, récoltes battues ou non battues, en meule ou en grange, bois taillis, futaies résineuses ou non, cannes à sucre et autres plantations sur pied ou détachées du sol ; en un mot, aux objets mobiliers de toute nature.

Art. 7.

La durée de la Société est fixée à trente ans, qui commenceront à courir de la date du décret d'autorisation.

Avant ce terme, la Société pourra être prorogée d'une nouvelle période, en vertu d'une délibération du Conseil général prise conformément à l'art. 61 ci-après, et approuvée par le Gouvernement.

Art. 8.

La Société ne sera constituée définitivement dans chaque colonie où ses caisses auront été ouvertes, soit successivement, soit simultanément, que du jour où il y aura une valeur promise à l'assurance :

1° En Algérie, de 15 millions;

2° A la Réunion, de 10 millions;

3° A la Martinique et à la Guadeloupe, de 5 millions;

Et 4° Dans chacune des autres possessions françaises, de 1 million.

Le Conseil d'administration, siégeant à Paris, constatera l'accomplissement de cette condition par un arrêté dont les Directeurs locaux donneront connaissance à chaque assuré de la Caisse, ainsi qu'aux Gouverneurs ou aux Préfets des colonies où fonctionneront ces Caisses, et dont le Directeur général de la Société devra faire parvenir une copie tant au Ministère du commerce qu'au Ministère des colonies.

CHAPITRE II.

FORME, DURÉE, EXTINCTION DU CONTRAT D'ASSURANCE.

Art. 9.

La Société n'assure pas contre l'incendie provenant d'un fait de guerre, d'émeute, fait militaire quelconque, de l'explosion des manufactures ou des magasins à poudre, des usines à gaz, autre que celui qui est employé au chauffage et à l'éclairage, ni contre l'incendie provenant d'un tremblement de terre, coup de vent, volcan, trombe, météore.

Art. 18.

Sont exclus de l'assurance les lingots et monnaies d'or et d'argent, les diamants, perles, pierres fines montées ou non à usage personnel, les billets de banque et effets de commerce, les titres et contrats de toute nature, les manufactures de poudre à tirer et de poudre fulminante, les fabriques d'allumettes, de ouate, de produits chimiques inflammables, et tous les objets mobiliers en dépendant.

Art. 11.

La Société ne répond des tulles, des dentelles, des cachemires, de l'argenterie, des tableaux, des statues, et en général de tous les objets d'art ou précieux, soit mobiliers, soit immobiliers, que lorsqu'ils sont spécialement désignés dans la police d'assurance.

Elle ne répond pas des objets volés ou perdus dans l'incendie.

Art. 12.

Elle ne doit au propriétaire, au locataire, au voisin aucune indemnité pour changement d'alignement, défaut de location ou de jouissance, résiliation de baux, chômage, ou toute autre perte non matérielle.

Art. 13.

La Société se réserve le droit de refuser à l'assurance tous les objets mobiliers et immobiliers qui, pour une cause quelconque, paraîtraient au Conseil d'administration ne devoir pas être garantis par elle.

Art. 14.

L'assurance peut porter sur la valeur totale des biens meubles et immeubles voisins, ou sur une somme moindre, mais toujours déterminée en spécifiant la portion de cette somme affectée au recours de tel ou tel voisin.

Art. 15.

Aucune assurance sur un seul et même risque ne pourra excéder deux cent mille francs, tant que la masse des valeurs assurées ne s'élèvera pas au-dessus du double des sommes fixées en l'art 8 ci-dessus, pour la constitution sociale.

Ce plein s'accroîtra avec le montant des valeurs assurées dans la proportion de un pour cent de l'excédant jusqu'au *maximum* de cinq cent mille francs, qui ne pourra être dépassé qu'en vertu d'une décision du Conseil d'administration.

Au-delà de ce *maximum*, des réassurances devront être faites à des Compagnies, soit mutuelles, soit à prime-fixe.

Art. 16.

Sont admissibles dans la Société tous les propriétaires, usufruitiers, fermiers, locataires et autres personnes ayant un intérêt réel à la conservation des immeubles ou meubles proposés à l'assurance.

Art. 17.

La déclaration d'assurance est faite par la personne intéressée à la conservation des valeurs, ou par son représentant, au Directeur local commissionné par le Directeur général pour la circonscription dans l'étendue de laquelle sont situées les valeurs.

Art. 18.

L'assurance immobilière doit comprendre tous les

bâtiments d'un seul tenant, et l'assurance mobilière tous les meubles, marchandises, bestiaux et récoltes renfermés dans le même bâtiment; toutes les récoltes sur pied ou en meule qui se trouvent dans le même champ.

ART. 19.

La déclaration d'assurance comprend :

Les nom, prénoms, profession et domicile du proposant ;

La qualité dans laquelle il agit ;

La durée de son engagement ;

L'espèce, la quantité, la classe, l'estimation et la position des valeurs proposées ;

La destination des constructions diverses, la nature des matériaux qui les composent, l'état où elles se trouvent, l'indication des meubles, marchandises, instruments, bestiaux et récoltes qu'elles contiennent et des constructions qui les avoisinent :

L'élection de domicile faite par l'adhérent au domicile désigné pour siége local de celle des Caisses à laquelle se rattachera son assurance;

Les risques locatifs ou de voisinage que le proposant voudra faire assurer.

ART. 20.

L'agent de la Société qui reçoit l'acte d'adhésion procède, contradictoirement avec l'adhérent, à l'évaluation des objets proposés.

ART. 21.

L'estimation des risques locatifs doit être basée

sur la valeur de l'immeuble et égaler au moins quinze fois le montant du loyer annuel.

L'estimation des risques de voisinage est laissée à l'appréciation des proposants, pour pouvoir toutefois excéder la valeur des objets voisins qui donnent lieu à cette assurance.

L'assurance du recours des voisins ne s'étend pas au-delà des immeubles et meubles contigus à ceux qu'occupe le proposant.

ART. 22.

Avant d'admettre la déclaration, le Directeur ou l'agent local est tenu d'en référer au Comité local. Si l'avis est défavorable, il doit en instruire le Directeur général.

ART. 23.

Si la déclaration est reconnue régulière, le Directeur local la déclare admise, sous la réserve expresse du droit de révision ou d'annulation appartenant au Conseil d'administration.

ART. 24.

Ce Conseil est tenu de se prononcer dans le délai de quatre mois pour les assurances de la Réunion ou des colonies plus éloignées, et de deux mois pour celles des autres pays dans lesquels des Caisses auront été ouvertes.

L'effet de l'assurance n'est nullement suspendu pendant le cours de ces délais, et le droit de révision, lorsqu'il s'exerce, n'a rien de rétroactif sur l'assurance depuis la signature de la police.

ART. 25.

Dès qu'une assurance est admise par le Directeur local, avec le consentement de son Comité, elle est inscrite sur le répertoire de la Société, et il est immédiatement délivré à l'adhérent une police signée par le Directeur local, et portant le numéro de son inscription sur les registres.

La police contient, outre les conditions spéciales de l'assurance, le texte entier des présents statuts.

ART. 26.

Le sociétaire reçoit, pour chacune de ses propriétés non contiguës, une plaque qu'il doit faire apposer dans un endroit apparent.

Le prix de la plaque est fixé à deux francs, et le prix de la police à trois francs cinquante centimes, outre le timbre.

ART. 27.

L'assurance n'a d'effet immédiat qu'à partir du lendemain, à midi, de la signature de la police par le Directeur local.

ART. 28.

A moins de stipulation fixant un terme, les assurances sont contractées pour toute la durée de la Société.

Néanmoins, l'assurance contractée ainsi pour toute la durée de la Société, peut être résiliée à chaque période de six ans, par le sociétaire et la Société, en se prévenant réciproquement six mois à l'avance.

Le sociétaire fait sa déclaration au siége local par lui-même ou par un fondé de pouvoir, et il lui en est délivré un récépissé. La Société notifie sa déclaration par lettre chargée.

ART. 29.

La période de tout engagement s'ouvre le premier jour de l'année sociale qui suit l'engagement. On ajoute à cette période les mois restants à courir de l'année pendant laquelle le contrat a été formé.

L'exercice commence au 1er janvier et finit au 30 décembre suivant.

ART. 30.

Le contrat prend fin, hors les cas prévus par l'art. 28 ci-dessus :

1° Par la perte totale des immeubles ou des meubles assurés.

2° Par la cessation de l'intérêt en vertu duquel l'assurance avait été faite par un tiers.

3° Par vente, donation ou tout acte de transmission de la propriété de l'immeuble ou des meubles assurés, à moins que le nouveau propriétaire ne déclare qu'il entend continuer l'assurance. Si ce dernier ne le déclare pas, il n'a droit à rien en cas de sinistre, et néanmoins le précédent propriétaire demeure tenu, jusqu'à la fin de l'exercice courant, vis-à-vis de la Société, au paiement des charges sociales.

La déclaration affirmative du nouveau propriétaire doit être conforme aux règles du présent chapitre sur le mode à suivre pour former le contrat d'assurance.

4° Par l'exclusion du sociétaire, prononcée en Conseil d'administration pour défaut de paiement de la contribution ; pour faillite ou déconfiture, à moins que l'assuré ne donne caution ;

5° Par la mort de l'assuré si ses héritiers, dans le délai de trois mois, ne déclarent par écrit vouloir continuer l'assurance, et si le Conseil d'administration ne refuse pas leur déclaration.

Dans le cas ou les héritiers ne feraient pas une déclaration, l'assurance produirait ses effets jusqu'à la fin de l'exercice courant, si les valeurs garanties restaient dans les mêmes conditions.

Art. 31.

Le sociétaire qui aurait sciemment induit en erreur la Société sur les risques que courent les objets assurés, n'aura droit à aucune indemnité. Il en sera de même de celui qui aura déclaré comme ayant été détruits par le feu des objets qu'il savait ne pas exister au moment du sinistre ; de celui qui dissimule ou soustrait tout ou partie des objets sauvés, et de celui qui a causé volontairement l'incendie.

Art. 32.

La Société se réserve la faculté de résilier l'assurance en tout ou en partie pour les biens immeubles ou meubles de tout sociétaire qui aurait éprouvé un ou plusieurs incendies. Les déclaration et signification à cet effet doivent être faites par le Directeur local à l'assuré dans les trois mois à compter du jour du sinistre.

Art. 33.

Tout changement notable dans l'assurance est constaté par un acte qui demeure annexé à la police et qui se nomme *avenant*.

Le prix de l'avenant est fixé à un franc cinquante centimes.

Art. 34.

Si, par suite de changements apportés à l'état des valeurs assurées, les risques viennent à changer de nature, l'assuré est tenu de le déclarer immédiatement à la Direction, et sa contribution est, dès ce moment, fixée suivant la classe à laquelle les immeubles ou les meubles sont reconnus appartenir.

La Société et le sociétaire ont le droit, dans le cas où ils ne voudraient pas accepter cette modification, de résilier l'assurance par une simple notification.

Art. 35.

Dans le cas d'aggravation de risques, si les changements n'ont pas été déclarés dans les deux mois du jour où ils ont été effectués, le sociétaire doit, pour le temps écoulé depuis le changement jusqu'à la déclaration, une contribution double de celle applicable aux nouveaux risques d'après lesquels aurait dû être classée l'assurance; en outre, en cas d'incendie avant cette déclaration et après les deux mois, le sociétaire perd un cinquième de l'indemnité à laquelle il aurait droit. Si ces changements constituent un risque exclu par la Société, l'assuré, du moment où ils ont été opérés, n'a plus droit à aucune indemnité, et l'assurance est immédiatement résiliée.

Dans le cas de diminution de risque, l'objet assuré est rangé dans la classe à laquelle appartient le nouveau risque; mais le sociétaire n'a droit à aucune réduction sur les contributions échues.

Art. 36.

Si des immeubles par destination sont transférés dans un autre lieu, le sociétaire est tenu de le déclarer sous peine de voir réduire d'un dixième l'indemnité à laquelle il aurait droit en cas de sinistre.

Art. 37.

Le Directeur local a la faculté de faire, à toute époque, réviser, aux frais de la Société, les estimations, et de résilier immédiatement l'assurance en cas de refus de l'assuré de se soumettre aux changements qui pourraient résulter de cette révision.

Art. 38.

Le sociétaire doit déclarer, lors de la formation de l'assurance, s'il est assuré à une autre Société.

Il ne pourra, pendant le cours de l'assurance, assurer tout ou partie de ses meubles et immeubles à une autre Société sans faire la même déclaration.

La Société peut, en assurant les immeubles concurremment avec d'autres Sociétés, s'engager envers le sociétaire, par une déclaration inscrite sur la police, à le garantir contre la totatité des sinistres, à la charge par lui de la subroger dans tous ses droits envers lesdites Sociétés.

Art. 39.

Si les mêmes immeubles ou meubles sont garantis pour tout ou partie de leur valeur par d'autres Sociétés concurremment avec la Caisse des Assurances coloniales, celle-ci n'intervient que pour sa part dans l'indemnité résultant du sinistre, calculée au prorata des diverses assurances portant sur le même objet.

Si les meubles ou immeubles incendiés étaient assurés pour la totalité de leur valeur par d'autres Sociétés en même temps que par la Caisse des Assurances coloniales, celle-ci indemniserait l'assuré, mais avec subrogation dans tous ses droits euvers les autres Sociétés.

CHAPITRE III.

CONTRIBUTIONS. — RÉSERVE.

Art. 40.

Chaque assuré doit une contribution annuelle qui se compose :

1° D'une cotisation temporaire allouée au Directeur général pour frais de premier établissement ;

2° De trois cotisations permanentes destinées, l'une à couvrir le Directeur général des frais annuels d'administration ; la deuxième, dite *fonds de prévoyance*, appliquée au paiement des sinistres, et la troisième ou dernière, appelée *fonds de réserve*, créée pour suppléer à l'insuffisance du fonds de prévoyance dans les années calamiteuses.

ART. 41.

Sur un rapport contenant l'état détaillé des dépenses que le fondateur de l'institution, M. BARSE, aura faites avant la promulgation du décret d'autorisation, la première assemblée générale fixera le taux de la cotisation à percevoir pour restituer les frais de premier établissement.

ART. 42.

Dès à présent, la Société alloue à forfait au Directeur général la somme de 2 fr. par 1,000 fr. de valeurs assurées, outre le prix de la police et de la plaque, pour faire face aux frais d'administration.

ART. 43.

Dans le compte des frais d'administration, l'on comprendra les dépenses du Directeur général qui auront suivi la promulgation du décret, savoir :

La location de l'édifice et l'acquisition du mobilier nécessaires à l'administration centrale, les frais de bureau, l'impression des registres, circulaires, feuilles de déclaration, d'avertissement, et tous autres imprimés; les déboursés de correspondance, la fourniture et le port des plaques, la rémunération du Directeur général, les jetons de présence des administrateurs, les indemnités de voyage et les émoluments des inspecteurs;

Les remises, traitements ou salaires des Directeurs locaux et de leurs agents, les indemnités de déplacement, et les dépenses pour établir les bureaux particuliers.

Art. 44.

Au passif du fonds de prévoyance, on fera figurer non-seulement toutes les dépenses ayant les sinistres pour objet, mais également les frais de perception, d'expertise et de frais judiciaires.

Art. 45.

Le fonds de réserve se composera des excédants réalisés sur les exercices précédents et des intérêts des sommes placées. Il s'augmentera des produits d'une cotisation qui variera annuellement d'après les besoins.

Lorsque, dans une colonie, le fonds de réserve aura atteint le chiffre de 400,000 fr. pour l'Algérie et la Réunion, ou de 300,000 fr. pour les autres, il ne pourra plus s'accroître. Les intérêts de ce fonds, ainsi que les excédants de la cotisation annuelle, seront alors obligatoirement appliqués à dégrever la cotisation de l'année suivante.

Art. 46.

La contribution ou la somme annuelle des quatre cotisations réunies se paie en totalité et par avance. On acquitte le montant de la première année en recevant la police, et le montant des annuités suivantes au 1er janvier de chacune.

Si, dans le délai d'un mois, à compter du jour fixé pour le versement, l'assuré n'a pas payé le montant échu de sa cotisation, l'assurance demeure suspendue et ne reprend son effet actif que le lendemain du jour où l'assuré s'est acquitté.

Pendant le cours de la suspension, l'assuré est passible de l'application du § IV de l'art. 30 ci-dessus, outre les poursuites ordinaires en paiement autorisées par la loi.

Art. 47.

Il n'y a pour la contribution aucune solidarité entre les assurés; tous les sociétaires ne sont obligés que jusqu'à concurrence du montant de leur contribution fixé dans la police.

Art. 48.

Les valeurs mobilières et immobilières, les risques locatifs et de voisinage qui peuvent être engagés à l'assurance, présentant des risques différents ou des chances inégales d'incendie, soit par leur nature, soit par leur destination, sont rangés par classes et catégories diverses, avec indication du *maximum* de la contribution qui pourra être supportée annuellement par chaque sociétaire, suivant la nature et la destination des valeurs assurées.

Art. 49.

Un tarif indiquant le taux de la contribution par mille francs de valeurs assurées, selon la classe et le degré de risque de ces différentes valeurs, sera dressé chaque année par le Conseil d'administration et rendu public avant le commencement de chaque exercice.

ART. 50.

Le Conseil d'administration pourra modifier tous les ans le classement des valeurs et le taux des deux dernières cotisations, l'une pour sinistres, l'autre pour la réserve, mais sans que ces modifications touchent à la cotisation pour frais d'administration, laquelle appartient au Directeur général jusqu'à concurrence de deux francs par mille francs de valeurs assurées, pour le couvrir des frais d'administration dont il est chargé à forfait.

Ces modifications ne sauraient non plus rien changer aux conditions des assurances précédemment contractées jusqu'à la fin de leur période indiquée à l'art. 28 ci-dessus.

ART. 51.

Le produit des cotisations pour réparation de sinistres, dans chacune des diverses Caisses locales, est exclusivement affecté à l'indemnité des pertes de cette Caisse.

Il en est de même du fonds de réserve ; on ne peut l'appliquer à un autre service ni à la réserve d'une autre Caisse.

ART. 52.

Dans chacune des Caisses particulières, le fonds de réserve est employé indistinctement à la réparation des sinistres éprouvés, tant par les immeubles que par les objets mobiliers, ainsi qu'à la garantie des risques locatifs et de voisinage dans la circonscription de ladite Caisse particulière.

ART. 53.

Le produit de la cotisation pour frais de premier établissement, sera expédié de suite au Directeur général par les Directeurs locaux.

Celui de la cotisation pour frais d'administration ne lui sera envoyé que dans la proportion réglée lors de la nomination du Directeur local, c'est-à-dire sauf la retenue au profit de celui-ci de ce qui lui revient, d'après le § 3 de l'art. 43 ci-dessus.

ART. 54.

Le fonds de prévoyance, au fur et à mesure des perceptions, est versé en compte-courant dans une banque publique de la direction locale à laquelle il s'applique.

Le fonds de réserve est déposé au bureau de la Caisse des consignations le plus voisin de la même direction. Au-delà de cinquante mille francs, le fonds de réserve peut être converti en valeurs publiques françaises, dont les titres seront déposés au même bureau de la Caisse des consignations.

CHAPITRE IV.

—

PAIEMENT DES SINISTRES.

ART. 55.

Aussitôt qu'un incendie se déclare, l'assuré doit employer tous les moyens pour en arrêter les progrès et pour sauver les objets assurés. La Société tiendra compte des dégâts et des frais dont il sera justifié.

Les frais de sauvetage sont supportés par moitié par le sociétaire et la Société.

Art. 56.

Tout sinistre d'incendie, tout recours formé contre un assuré, doivent être déclarés par lui ou en son nom, soit à la direction locale, soit à l'agence de la Société dans la commune où se trouvent les meubles ou immeubles assurés. — Il est donné récépissé de la déclaration.

Dans les vingt-quatre heures, au plus tard, cette déclaration doit avoir lieu, si le sinistre est survenu ou si le recours a été formé dans le lieu de la résidence de l'agent. Pour les communes de la circonscription, ce délai sera augmenté à raison d'un jour par deux myriamètres et demi.

L'assuré dont la déclaration n'aura pas été faite dans ce délai, subira une retenue d'un dixième de l'indemnité à laquelle il a droit.

Si le retard de la déclaration excède de cinq jours, la retenue sera d'un cinquième, et s'il excède un mois, l'assuré sera déchu de tous droits à une indemnité, sauf empêchement de force majeure.

Art. 57.

Aussitôt que la déclaration lui est parvenue, le directeur ou l'agent fait procéder à l'expertise du dommage, contradictoirement avec l'assuré, qui appellera un expert à ses frais, à moins qu'il ne déclare par écrit s'en rapporter à l'expert de la Société.

Au cas de dissidence, les experts nommeront un tiers, qui sera tenu de se ranger à l'avis de l'un d'eux.

Si les deux experts ne tombaient pas d'accord sur le choix du tiers, la nomination en serait faite par le juge-de-paix du canton, à la requête de la partie la plus diligente.

Les frais de la vérification faite par l'expert de la Société seront supportés moitié par le sociétaire et moitié par la Société.

Art. 58.

La Société se réserve le droit de faire réparer elle-même le dommage.

Mais, si elle préfère indemniser en argent, elle ne peut être tenue de payer une somme supérieure à la valeur assurée et portée dans la police.

L'indemnité ne doit jamais excéder le dommage réel éprouvé.

Art. 59.

L'indemnité sera fixée d'après la valeur des immeubles et meubles au moment de l'incendie. L'estimation des objets immobiliers et mobiliers sera faite de la même manière.

En conséquence, l'assuré sera tenu de justifier à la Société, par tous les moyens et documents en son pouvoir, de la valeur des immeubles et meubles qui étaient assurés au moment de l'incendie.

Les objets subsistants resteront, après avoir été estimés, au sociétaire, en déduction de l'indemnité.

ART. 60.

Si la valeur reconnue au moment du sinistre est inférieure à celle portée dans la police, il ne peut être fait répétition des contributious et frais d'assurance applicables à la différence des valeurs.

ART. 61.

Sur le vu du procès-verbal des experts, le Comité local autorise le Directeur à payer immédiatement à l'assuré une part de la valeur du sinistre, calculée d'après les pertes de l'exercice connues au moment du sinistre.

Le Conseil d'administration pourra, d'après une appréciation plus favorable à l'assuré, lui faire compter une somme plus forte à valoir sur son indemnité.

Ce paiement partiel effectué, le sociétaire sera tenu d'attendre le réglement proportionnel qui suivra la fin de l'exercice.

ART. 62.

Dans les trois mois qui suivent l'expiration de l'exercice, il est procédé à ce réglement pour chaque colonie par les Directeurs et Comités locaux; un second paiement partiel est effectué, suivant les ressources de la Caisse, avant de faire appel au fonds de réserve.

Dans les trois mois subséquents, il est procédé, à Paris, au réglement général et définitif à la charge de l'exercice, et chaque ayant-droit reçoit le solde de l'indemnité qui lui revient, soit au moyen des forces actives de l'exercice, soit par un appel fait au fonds de réserve.

Art. 63.

Si la cotisation de l'année pour sinistres, autrement dit le fonds de prévoyance, ne suffisait pas pour solder intégralement tous les ayants-droit du montant de leurs estimations respectives, il serait fait un prélèvement sur le fonds de réserve, mais seulement jusqu'à concurrence de moitié de ce fonds.

Art. 64.

En cas d'insuffisance, tant du fonds de prévoyance que de la moitié du fonds de réserve, l'indemnité de chaque ayant-droit est diminuée au centime le franc sans que le déficit puisse être reversé sur l'exercice suivant ni être réclamé à la Société.

Art. 65.

Le paiement de l'indemnité est fait à la charge, par l'assuré, de subroger, jusqu'à concurrence du montant de cette indemnité, la Société dans ses droits et actions contre les personnes responsables du sinistre pour leur fait personnel.

CHAPITRE V.

—

ADMINISTRATION DE LA SOCIÉTÉ.

Art. 66.

La Société est représentée, à Paris, par le Conseil général des sociétaires.

Elle y est administrée par un Conseil et gérée par un Directeur général.

Dans chaque colonie, et en Algérie, elle agit par un ou plusieurs Directeurs particuliers assistés d'une Commission locale.

Ire SECTION.

—

CONSEIL GÉNÉRAL.

Art. 67.

Le Conseil général est composé des dix plus forts assurés à chacune des caisses en exercice.

Chacune des personnes appelées à faire partie du Conseil général pourra s'y faire représenter par un mandataire pris parmi des personnes assurées ou non assurées. Tout mandataire, quel que soit le nombre de ses procurations, ne pourra être compté lors du vote que pour deux voix au plus, y compris la sienne, s'il est membre du Conseil général.

Art. 68.

Le Conseil général est présidé par le Président ou le Vice-président du Conseil d'administration.

Il nomme, à la majorité des suffrages, un secrétaire et deux scrutateurs.

Art. 69.

Le Conseil général se réunit de droit au siége social, à Paris, une fois par an, au mois de juin.

Art. 70.

Trois mois à l'avance, le Directeur général convoque, par la voie des journaux et par lettres chargées, les membres du Conseil général.

Art. 71.

L'assemblée générale peut être convoquée extraordinairement toutes les fois que le Conseil d'administration le juge nécessaire.

Art. 72.

L'assemblée générale ne peut délibérer qu'autant qu'elle réunit le tiers de ses membres.

Art. 73.

Si ce nombre n'était pas atteint par une première convocation, il en serait fait une seconde à quatre mois au moins d'intervalle, dans les mêmes formes et en indiquant l'ordre du jour arrêté préalablement par le Conseil d'administration.

Art. 74.

Pour être mise à l'ordre du jour, toute motion doit être motivée et proposée cinq jours au moins avant la réunion soit par le Directeur général, soit par un administrateur, soit par cinq membres du Conseil général qui devront la signer.

Art. 75.

Les délibérations du Conseil général obligent tous les sociétaires ou leurs ayants-cause.

ART. 76.

Le Conseil général pourvoit au remplacement des membres du conseil d'administration quand leurs pouvoirs expirent.

Il nomme le Directeur général sur la proposition du Conseil d'administration, et peut le révoquer, mais après l'avoir entendu.

ART. 77.

Dans sa réunion annuelle, le Conseil général entend le rapport du Directeur général, examine et arrête définitivement l'état de situation de la Société et le compte des recettes et dépenses sociales de l'année précédente. Il statue sur les modifications de tarifs qui seraient reconnues nécessaires pour pouvoir diminuer ou augmenter de plus de moitié le chiffre des risques figurant aux tableaux approuvés par l'autorité. Il délibère sur toutes les propositions du Conseil d'administration relatives à la modification des statuts, à la fusion ou aux traités conclus avec d'autres Sociétés ayant le même objet.

Il prononce souverainement sur tous les intérêts de la Société et confère au Conseil d'administration les pouvoirs nécessaires pour les cas qui n'auraient pas été prévus.

ART. 78.

Lorsqu'il s'agit de modifications à introduire dans les statuts, de la prorogation ou dissolution de la Société, de la fusion avec d'autres Sociétés ou de la révocation du Directeur général, les décisions du Conseil général, pour être valables, doivent être prises dans une réunion composée de la moitié de ses membres et adoptées par les deux tiers des personnes présentes.

IIe SECTION.

CONSEIL D'ADMINISTRATION.

Art. 79.

Le Conseil d'administration est composé de douze membres titulaires choisis, par l'assemblée générale, parmi tous les sociétaires, et de six membres suppléants qui peuvent être pris parmi d'anciens habitants des colonies y ayant conservé des relations ou des intérêts, mais résidant en France.

Les membres du Conseil d'administration sont renouvelés par tiers tous les ans et peuvent être réélus.

La sortie des deux premiers tiers est renouvelée par la voie du sort.

Elle l'est ensuite par l'ancienneté.

Art. 80.

Le président, le vice-président et le secrétaire du Conseil d'administration sont choisis tous les ans à la majorité des suffrages.

Art. 81.

En cas de maladie grave, de mort ou de démission d'un ou de plusieurs membres du Conseil d'administration, il sera pourvu provisoirement au remplacement par les autres membres.

Ce choix ne sera valable, d'après l'art. 76 ci-dessus, que jusqu'à la première réunion du Conseil général.

ART. 82.

Le Conseil d'administration se réunira au moins une fois par mois. Il pourra être convoqué extraordinairement par le Directeur général ou sur la demande d'un membre du Conseil d'administration lui-même.

ART. 83.

Les délibérations ne sont valables qu'autant que trois membres au moins sont présents; elles sont prises à la majorité des suffrages.

En cas de partage, la voix du Président ou de celui qui le remplace est prépondérante.

ART. 84.

Les membres du Conseil d'administration n'encourent aucune responsabilité personnelle et ne doivent compte que de l'exécution de leur mandat.

Leurs fonctions sont gratuites, mais ils reçoivent des jetons de présence dont la valeur est déterminée par l'assemblée générale.

ART. 85.

Le Conseil d'administration est spécialement chargé :

1° D'arrêter les conditions des polices d'assurance et d'approuver la répartition de la portion contributive à la charge des associés ;

2° De régler les états d'estimation des pertes;

3° D'ordonner le paiement des dommages;

4° D'autoriser les poursuites judiciaires et extra-judiciaires, de soutenir tous procès, tant en demandant qu'en défendant, et d'ordonnancer le paiement des frais qu'ils auront occasionnés;

5° De transigner et de compromettre;

6° De statuer sur toutes les réclamations ou difficultés qui pourraient s'élever en ce qui concerne la Société;

7° De surveiller la comptabilité, de vérifier et arrêter les registres et les comptes présentés par le Directeur général;

8° De veiller à la stricte exécution des statuts et des réglements;

9° De faire à l'assemblée générale des rapports sur la situation de la Société;

10° Enfin de prendre toutes les mesures d'administration qu'il croira utiles aux intérêts de la Société et à sa prospérité.

Art. 86.

Le Conseil d'administration peut déléguer ses pouvoirs, à Paris, à un Comité de direction composé de trois membres, et chargé spécialement de surveiller la direction des affaires sociales, sous la direction dudit Conseil.

Il peut également déléguer ses pouvoirs, en tout ou en partie, soit sur le continent, à un ou plusieurs de ses membres, soit dans les colonies aux membres des Commissions locales, et aux Directeurs par un mandat spécial pour un ou plusieurs objets déterminés.

Il pourra être attribué aux membres, ainsi délégués, une rémunération dont le chiffre sera voté par le Conseil général.

Art. 87.

Par dérogation aux articles 79 et 80, le premier Conseil d'administration se compose de :

MM. Granier de Cassagnac, *Président.*
Malavois, *Vice-Président.*
D'Arboussier, Mourre, Charolais — *Membres titulaires.*
Leroy de Keraniou, Castéra — *Membres suppléants.*

Les sept personnes ci-dessus dénommées s'adjoindront, pour compléter le Conseil, le nombre de titulaires et de suppléants nécessaires.

Le renouvellement du premier Conseil d'administration ne commencera qu'à partir de la sixième année de la Société.

Art. 88.

Un Comité consultatif, attaché au Conseil d'administration qui en nommera les membres, sera appelé par lui chaque fois qu'il le jugera utile, pour donner son avis sur les difficultés ou contestations administratives, judiciaires et autres qui intéresseront la Société.

IIIe SECTION.

DIRECTEUR GÉNÉRAL.

ART. 89.

Toutes les opérations de la Société sont conduites par un directeur général, sous la Direction du Conseil d'administration, dont il exécute les arrêtés.

ART. 90.

Le Directeur général est chargé spécialement de faire rentrer les cotisations et de faire payer les indemnités en cas de sinistre, de signer la correspondance, de faire tenir la caisse, d'amener les décisions de l'assemblée générale à exécution, de faire mettre à jour les registres, de convoquer les réunions et de préparer la matière des délibérations.

La comptabilité sera établie de manière à représenter constamment et exactement, à Paris, la situation des opérations faites dans les colonies.

Il donne tous renseignements et fait toutes communications aux sociétaires qui les demandent.

ART. 91.

Il nomme et révoque tous les agents et tous les employés, et il fixe leurs traitements et leurs remises.

ART. 92.

Les actions judiciaires de la Société s'exercent à la

diligence du Directeur général, en vertu des autorisations du Conseil d'administration.

ART. 93.

Le Directeur général assiste, avec voix consultative, aux délibérations de l'assemblée générale et du Conseil d'administration, à moins qu'elles ne le concernent personnellement, auquel cas elles ont lieu hors de sa présence.

ART. 94.

Il ne contracte, à raison de ses fonctions, aucune obligation personnelle ni solidaire, et il n'est responsable que de l'exécution de son mandat.

ART. 95.

Le traité à forfait passé entre le Directeur général et la Société, pour les frais d'administration, d'après l'art. 42 ci-dessus, sera révisé tous les cinq ans.

ART. 96.

M. Louis BARSE est nommé Directeur général de la Société.

IVe SECTION.

—

DIRECTEURS PARTICULIERS. — COMMISSIONS LOCALES. — AGENTS

ART. 97.

Dans chacune des colonies, il y aura un ou plusieurs Directeurs divisionnaires commissionnés par le Directeur général, au nom du Conseil d'administration, pour y recevoir les adhésions d'assurance, délivrer les polices, régler les sinistres, payer les indemnités allouées; en un mot, pour servir sur les lieux de mandataires à la Société, et exercer son action dans leurs circonscriptions respectives.

Art. 98.

Pour seconder ces Directeurs, il y aura, autant que possible, dans chaque commune un agent toujours en contact avec les populations et prêt à recevoir les assurances.

Art. 99.

Il sera établi au chef-lieu de chaque circonscription un Comité local pris parmi les principaux assurés.

Ces Comités seront composés de cinq membres et pourront délibérer à trois.

Art. 100.

Les fonctions des personnes composant les Comités locaux seront gratuites ; mais elles recevront, comme les membres du Conseil d'administration, des jetons de présence, dont la valeur sera déterminée par l'assemblée générale.

Art. 101.

Les Commissions locales se réuniront tous les mois, et plus souvent si le Directeur local, qui assiste à leurs délibérations sans y voter, le juge nécessaire.

ART. 102.

Elles auront un président et un secrétaire qui correspondront, sans intermédiaire, avec le Directeur général.

ART. 103.

Tout sinistre et tout fait grave intéressant la Société doit être l'objet d'un rapport particulier de ces Commissions, que le président transmettra au Directeur général, après en avoir délivré une copie signée au Directeur de la localité.

ART. 104.

Les Directeurs locaux, les Agents et les Membres des Commissions locales ne contractent aucune obligation personnelle ni solidaire. Ils ne sont tous responsables que de l'exécution de leur mandat.

ART. 105.

Les agents locaux sont nommés et peuvent être révoqués, sur la proposition des Directeurs particuliers, par le Directeur général, qui nomme aussi et peut également révoquer les Directeurs particuliers, après avoir pris l'avis des Commissions locales.

Les membres des Commissions locales sont nommés sur la proposition du Directeur général. Leurs fonctions durent cinq années.

Tableaux comparatifs des Tarifs de la Caisse coloniale et des Compagnies à Prime-Fixe

[illegible]

2e CLASSE — 1er Risque : Bâtiments construits en pierres, briques ou moellons ... 2e Risque : Bâtiments de construction mixte ... 3e Risque : Bâtiments construits en bois ou torchis ...

CAISSE COLONIALE

PREMIER TABLEAU

De 1 à 100 Millions

PRIME FIXE

NATURE DES OBJETS ET DES PROFESSIONS susceptibles d'être admis à l'Assurance	Cotisations annuelles pour 1,000 francs — 1re classe	Cotisations annuelles pour 1,000 francs — 2e classe	FRANÇAISE — Prime annuelle pour 1,000 francs — 1re classe	FRANÇAISE — 2e classe	ANGLAISE — Prime annuelle pour 1,000 francs — 1re classe	ANGLAISE — 2e classe	ANGLAISE — Prime pour 1,000 francs — 1re classe	ANGLAISE — 2e classe
[illegible]	[illegible]	[illegible]	[illegible]	[illegible]	[illegible]	[illegible]	[illegible]	[illegible]

DEUXIÈME TABLEAU

De 100 à 500 Millions

[illegible]	[illegible]	[illegible]	[illegible]	[illegible]	[illegible]	[illegible]	[illegible]	[illegible]

CHAPITRE VI.

DISSOLUTION DE LA SOCIÉTÉ. — LIQUIDATION.

ART. 106.

Si, dans le cours de la durée de la Société, la valeur des objets engagés à l'assurance ne s'élevait plus à la somme fixée par l'art. 8 ci-dessus pour pouvoir assurer ferme, le Directeur général serait tenu de réunir l'assemblée générale pour prononcer la dissolution.

ART. 107.

En cas de dissolution ou à l'expiration du terme pour lequel la Société est fondée, si elle n'est pas prorogée, l'assemblée générale nommera les liquidateurs et leur conférera les pouvoirs qu'elle jugera nécessaires.

A partir de la dissolution, les obligations réciproques des sociétaires cesseront, et le compte de chacun sera réglé et soldé.

ART. 108.

Lors de la dissolution, les fonds placés en caisse seront employés à couvrir les frais de l'Assurance dans la colonie où les opérations de la Société cesseront. L'excédant sera réparti entre les Caisses dans les autres colonies. Mais l'excédant de la dernière des Caisses d'Assurances dissoute sera distribué entre le Directeur général, qui en prélèvera le quart, et les membres faisant alors partie de la Société, lesquels recevront des parts proportionnelles à leurs contributions et au temps pendant lequel ils auront fait partie de la Société.

CHAPITRE VII ET DERNIER.

DISPOSITION TRANSITOIRE.

Art. 109.

Tous pouvoirs sont donnés à M. Barse, Directeur provisoire, à l'effet de suivre auprès du gouvernement la demande en autorisation de la Société, de proposer ou d'accepter toutes modifications aux statuts et passer tous actes pour la constitution de la Compagnie.

Paris. — Imprimerie A.-E. Rochette, rue d'Assas, 22.

ERRATUM

A la page 15, ligne 14e, au lieu de 2 francs 55 centimes
Lisez : *255 francs.*

www.ingramcontent.com/pod-product-compliance
Lightning Source LLC
LaVergne TN
LVHW022310170726
843503LV00006B/2432